essentials

essentials liefern aktuelles Wissen in konzentrierter Form. Die Essenz dessen, worauf es als „State-of-the-Art" in der gegenwärtigen Fachdiskussion oder in der Praxis ankommt. *essentials* informieren schnell, unkompliziert und verständlich

- als Einführung in ein aktuelles Thema aus Ihrem Fachgebiet
- als Einstieg in ein für Sie noch unbekanntes Themenfeld
- als Einblick, um zum Thema mitreden zu können

Die Bücher in elektronischer und gedruckter Form bringen das Expertenwissen von Springer-Fachautoren kompakt zur Darstellung. Sie sind besonders für die Nutzung als eBook auf Tablet-PCs, eBook-Readern und Smartphones geeignet. *essentials:* Wissensbausteine aus den Wirtschafts-, Sozial- und Geisteswissenschaften, aus Technik und Naturwissenschaften sowie aus Medizin, Psychologie und Gesundheitsberufen. Von renommierten Autoren aller Springer-Verlagsmarken.

Weitere Bände in der Reihe http://www.springer.com/series/13088

Katarzyna Schubert-Panecka

Business Medi(t)ation 2

Externe Unterstützung

Katarzyna Schubert-Panecka
Business Mediation & Intercultural
Communication
Karlsruhe, Deutschland

ISSN 2197-6708   ISSN 2197-6716   (electronic)
essentials
ISBN 978-3-658-22146-1   ISBN 978-3-658-22147-8   (eBook)
https://doi.org/10.1007/978-3-658-22147-8

Die Deutsche Nationalbibliothek verzeichnet diese Publikation in der Deutschen Nationalbibliografie; detaillierte bibliografische Daten sind im Internet über http://dnb.d-nb.de abrufbar.

Springer Gabler
© Springer Fachmedien Wiesbaden GmbH, ein Teil von Springer Nature 2018

Gedruckt auf säurefreiem und chlorfrei gebleichtem Papier

Springer Gabler ist ein Imprint der eingetragenen Gesellschaft Springer Fachmedien Wiesbaden GmbH und ist ein Teil von Springer Nature
Die Anschrift der Gesellschaft ist: Abraham-Lincoln-Str. 46, 65189 Wiesbaden, Germany

Was Sie in diesem *essential* finden können

Was Sie am Ende dieser Lektüre als **Personalverantwortliche/r, UnternehmerIn** oder **Führungskraft** wissen bzw. worüber Sie reflektiert haben werden, sind Einblicke in die Verfahren und Möglichkeiten von **Business Coaching** und **Business Mediation,** die Ihnen **Orientierung** und **fundierte Inanspruchnahme diverser interner und externer Verfahren** ermöglichen wollen. Es wird dabei sowohl im organisationalen als auch privaten Kontext überprüft, welche Vor-, aber auch Nachteile das jeweilige Verfahren aufweist.

Der Titel beider Bücher zielt auf die Einführung einer achtsamen Haltung in den wirtschaftlichen Kontext, die dabei helfen soll, nicht nur persönlich länger gesund zu bleiben, sondern auch in dem organisationalen, sozialen, hin bis zum politischen Gefüge gesund zu agieren. Ganz unabhängig davon, ob Sie arbeiten, sich in Ihrem privaten oder sozialen Raum aufhalten. Ich wünsche Ihnen viel Vergnügen bei der Lektüre und bin auf Ihre Erkenntnisse und Ideen gespannt!

Karlsruhe   Dr. iur. Katarzyna Schubert-Panecka

März 2018

Vorwort

Dass Konflikte überall dort entstehen und ungelöst eskalieren können, wo Individuen, Gruppen oder ganze Organisationen und Unternehmen interagieren, ist in dem Bewusstsein der meisten Menschen angekommen. Dies zu verleugnen oder nur passiv zu beobachten, könnte daher als ausgeschlossen gelten. Der Alltag der meisten Erwerbstätigen sagt jedoch etwas anderes aus. Ganze 44–46 % von den 66 % der in Deutschland Beschäftigten, die sich hohen bis sehr hohen psychischen Belastungen am Arbeitsplatz ausgesetzt sehen, sehen die Quelle dieser Belastungen in Konflikten mit KollegInnen[1] oder Führungskräften (manager-Seminare 2015). Irgendwie ahnen wir also den vernichtenden Einfluss von Konflikteskalation. Außerdem verspüren wir die Auswirkungen einer beinahe permanenten digitalen Präsenz, konkurrierender Verhaltensweisen am Arbeitsplatz oder zunehmende Aktivitäten in diversen Lebensbereichen. Trotzdem bleiben viele von uns bei den bekannten – selbst wenn (auto-)destruktiven – Verhaltensmustern, häufig so lange bis ein relevanter Ausfall, hoher finanzieller Verlust, Trennung, Krankheit oder Tod eine kurze Denkpause anstößt. Oder zu einer Veränderung zwingt.

Woran liegt diese Diskrepanz zwischen Wissen und Handeln? Auch wenn wir an vielen Orten der Welt einen Wohlstand wie noch nie in der Geschichte der Menschheit erleben und obwohl wir das ökologische Bewusstsein ganzer Bevölkerungsgruppen deutlich vorangebracht und – noch vor wenigen Dekaden

---

[1]Sie werden in dem Text abwechselnd die weibliche und männliche Anrede finden, in dem Verständnis, alle Interessierte bzw. Betroffene zu meinen. Manche Begriffe wurden bereits vom Duden in die deutsche Sprache integriert, sodass auch von Coachin die Rede sein wird.

undenkbare – Möglichkeiten geschaffen haben, scheinen wir in so manchen Lebensbereichen uns selbst im Weg zu stehen. Ob als Individuen oder als Organisationen. Als ob wir das Interesse, gar die Fähigkeit verloren hätten, miteinander im Dialog zu bleiben, auf der individuellen wie kollektiven Ebene gesund zu verweilen. Uns an der Menschlichkeit und der Verbindung zu anderen zu erfreuen. Schwanken wir nicht allzu sehr zwischen Selbstoptimierung und Erschöpfung? Samt der Gefahr, in dieser immer stärkeren Pendelbewegung die Qualität der Selbstlosigkeit zu vergessen und in der Sorge um die (Schein-)Sicherheit zu verwelken? Wohin führt uns dieser Aktionismus und wollen wir stattdessen etwas anderes?

Während wir uns in dem ersten *essential* zu diesem Thema „*Business Medi(t)ation 1. Gesunde Selbstführung und Konfliktkompetenz*", von diversen Einflüssen auf den heutigen Menschen und seiner Ökologie ausgehend, die (heilende) Kraft dieser Diskrepanz, ja einer Ambivalenz hin bis zum **Konflikt,** angeschaut und dabei u. a. ein paar Modelle der postmodernen (Selbst-)Führung vorgestellt haben, beleuchten wir in diesem zweiten *essential* primär die Frage, welche Verfahren den Individuen und Organisationen zur Verfügung stehen, wenn das eigene Wissen und Handeln nicht mehr ausreicht bzw. strukturell wenig hilfreich ist.

Dr. iur. Katarzyna Schubert-Panecka

Inhaltsverzeichnis

Einführung Außenschau: Externe Unterstützung in Organisationen und anderen wirtschaftlichen Beziehungen

1

Angenommen, Sie haben als UnternehmerIn, als Führungskraft oder Konfliktpartei alles Mögliche ausprobiert, um ein Problem oder einen Konflikt zu lösen und merken, dass Sie allein nicht mehr weiterkommen. Die Betroffenen führen ihre Abteilungen oder Teams (z. B.) harsch und ineffektiv. Es besteht eine hohe Fluktuation und jegliche Gespräche bringen keine signifikante Änderung. Oder die ehemaligen Fachkräfte überfordern sich regelmäßig in der neuen Position als Führungskraft, weil sie neben ihrer Funktion als solche auch ihr Fachwissen weiterhin hochqualitativ einbringen wollen und darum auch häufig genug geheten, *ergo* auf diese Art und Weise auch anerkannt werden. In unserer heutigen Wissensgesellschaft ein sehr anspruchsvolles Unterfangen.

Was und wie soll aus den vielfältigen Verfahren auf dem Markt gewählt werden? Was wird am meisten wirksam sein und eine nachhaltige Unterstützung sichern? Doch insbesondere: Wann erweist es sich als sinnvoll, eine externe Unterstützung bei Projekten, Konflikten oder Entfaltungsprozessen einzubeziehen? Ist dies der Fall, wenn die internen Maßnahmen für einen konstruktiven Umgang miteinander nicht gereicht haben? Oder eher, wenn Misstrauen gegenüber den intern angebotenen Interventionen herrscht? In beiden Situationen wäre mit einer externen Unterstützung sicherlich nicht nur eine weitere Perspektive auf den Gegenstand der Herausforderung möglich, sondern auch konkrete Prozesskompetenz eingeholt, die (im Idealfall) neutral und vielseitig parteilich ist. Auf diesem Wege wird den Beteiligten ein Entfaltungsraum angeboten, in dem sie sowohl ihren persönlichen, gruppenspezifischen als auch unternehmerischen Ressourcen auf die Spur kommen können. Welche Art Unterstützung für das konkrete Anliegen am besten geeignet ist, lässt sich hier nur skizzieren. Eine klare Antwort lässt sich wiederum erst anhand einer genaueren Analyse der Umstände zu geben (Abb. 1.1).

© Springer Fachmedien Wiesbaden GmbH, ein Teil von Springer Nature 2018
K. Schubert-Panecka, *Business Medi(t)ation 2,* essentials,
https://doi.org/10.1007/978-3-658-22147-8_1

Abb. 1.1 DB Fairness@Work. (Mit freundlicher Genehmigung von © Björn von Schlippe 2018. All Rights Reserved)

Business Coaching 2

In diesem Kapitel erfahren Sie:

- was unter Business Coaching (BC) zu verstehen ist,
- bei welchen Anliegen und weshalb es wird eingesetzt wird,
- wie Business Coaching funktioniert und welche Grenzen es hat.

▶ **Business Coaching** ist eine professionelle und zeitlich begrenzte Prozessberatung von gesunden Personen, die sich zwecks Erreichung ihrer beruflichen Ziele, Verbesserung ihrer Kompetenzen oder Zusammenarbeit eine solche Unterstützung wünschen.

In einer unsicheren Welt suchen Menschen vermehrt nach Möglichkeiten, mit denen sie zu ihrer Orientierung und Sicherheit beitragen können. Wie sie lebenslang lernen und für ihre mentale Gesundheit wie auch Führungskompetenzen sorgen können. Wie sie zudem klare Handlungsoptionen entwickeln, bei denen sie eine professionelle Spiegelung ihrer Ressourcen wie Grenzen als auch – unabhängig von ihrer Leistung – Anerkennung und Akzeptanz erfahren können. Mit BC-Angebot bemüht man sich einen solchen Ort zu schaffen, an dem diese Möglichkeiten und eine Weiterentwicklung realisiert werden können. Aus dem Ungarischen stammend bedeutet dabei das Grundwort *Coach* so viel wie Kutsche, mit der eine Dynamik der Entwicklung wie auch die Rolle des Coaches bildhaft dargestellt werden. In den USA bedeutet Coaching *„guidance and feedback about specific knowledge, skills, and abilities involved in a task"* (Bass 2008, S. 1091). In Deutschland wird der Begriff vielfältig definiert, da etliche Verbände u. a. in dem definitorischen Prozess quasi nebeneinander aktiv sind und sich u. a. für die

© Springer Fachmedien Wiesbaden GmbH, ein Teil von Springer Nature 2018
K. Schubert-Panecka, *Business Medi(t)ation 2,* essentials,
https://doi.org/10.1007/978-3-658-22147-8_2

3

Etablierung, Ausbildung und Qualität von Coaching engagieren. International hat sich vor allem die *International Coach Federation* durchgesetzt, welche neben ihrem Engagement im Bereich Qualität des Coachings und Kompetenzen der AnbieterInnen einen ethischen Rahmen für deren Arbeit entworfen hat. ICF sieht Coaching als *„eine partnerschaftliche Beziehung mit Klient(Inn)en, die sie zum Nachdenken anregt und ihnen mit kreativen Verfahren hilft, ihre persönlichen und beruflichen Potenziale bestmöglich zu nutzen"*. In dieser Beziehung wird besonders auf das professionelle Verhalten der Coaches, Interessenkonflikte, Datenschutz und Vertraulichkeit geachtet.

2.1 Sinn und Funktionalität von Business Coaching

Zwar gehen die meisten Coachingsschulen davon aus, dass jeder Mensch ein Experte für sein eigenes Leben ist. Jede/r kann mit einer guten Selbstkenntnis gesund und zufrieden das berufliche und private Leben genießen, durch sein Leben i. S. v. Mindsight navigieren. Und dennoch ist der Mensch – insbesondere in einer Zeit beinahe dauerhafter (Aus-)Balancierung und Priorisierung diverser Wünsche, Möglichkeiten und Notwendigkeiten in der aktuellen und im ersten *essential* ausführlich beschriebenen Komplexität – vermehrt Situationen ausgesetzt, in denen diese Expertise eine Fokussierung erfordert. In denen der Klient Unterstützung bei der Identifizierung von (noch nicht oder nicht mehr genutzten) Ressourcen, bei der Beseitigung von Hindernissen, aber auch beim Erkennen von Machbarem und nicht Machbarem wünscht. BC erweist sich daher in Situationen angebracht, in denen eine versierte, lösungsorientierte und vor allem empathische Begleitung das Erreichen der o. g. Ziele und auch den Weg dahin erleichtern kann. Dies umfasst erfahrungsgemäß folgende **Themenbereiche,** in denen BC sowohl privat als auch im Auftrag einer Organisation bzw. in ihr selbst eingesetzt werden kann (Migge 2011, S. 38):

1. **Individuelle Themen:** hier geht es darum, die Selbstreflexion und -führung des Klienten, seine Handlungskompetenz wie auch die Fähigkeit zu verbessern, Probleme und Krisen zu bewältigen, Ziele und Leistung zu optimieren und die Karriere zu steuern.
2. **Interaktive Themen:** betreffen die Führungs- und Kommunikationsverbesserung, die auch eine konstruktivere Beziehungsgestaltung und Netzwerkberatung umfassen kann.
3. **Systembezogene Themen:** zielen auf das Zusammenspiel von Subsystemen in der Organisation und von diesen mit der Außenwelt. Hier wird insbesondere die Wechselwirkung zwischen dem Menschen und dem System kritisch betrachtet und verändert.

Ganz konkret lassen sich darunter folgende Wünsche der KlientInnen finden, die:

- ihre Karriere den eigenen Werten und Lebensvisionen entsprechend voranbringen möchten und auch
- (Neu-)Orientierung bezüglich ihrer Werte und Ziele suchen,
- an der Spitze einer Organisation einem großen Leistungsdruck ausgesetzt sind und in einem vertraulichen Rahmen einen guten Umgang damit entwickeln wollen,
- ihre Führungs-, Konflikt- oder allgemeine Managementkompetenz verbessern wollen,
- den Zugang zu ihren Ressourcen wiedergewinnen wollen,
- Unterstützung bei Veränderungsprozessen wünschen, damit ihre Motivation oder mentale Gesundheit aufrechterhalten bleiben bzw. zurückgewonnen werden.

BC hilft darüber hinaus dann, wenn das private und berufliche Leben im Wettbewerb zu stehen scheinen, wenn die nächste Lebensphase sich nähert und der Klient den Übergang vorbereiten möchte. Auch in Situationen, in denen die kulturelle (generationale, nationale, geschlechtsspezifische) Vielfalt am Arbeitsplatz mehr Frustration als Freude bereitet, wenn Glaubenssätze und deren Auswirkungen den Alltag erschweren oder wenn Konflikte unverhältnismäßig viel Energie und Nerven kosten, zur inneren oder tatsächlichen Kündigung bzw. zu psychosomatischen Erkrankungen führen.

Die Fähigkeit, KlientInnen bei ihren Anliegen nachhaltig und zukunftsorientiert zu unterstützen erbringt BC dadurch, dass es auf bewiesene Wirkfaktoren zurückgreift, die die Ressourcenaktivierung, Problemaktualisierung und motivationale Klärung fokussieren. Durch die Zurückhaltung der Coachin in Bezug auf Lösungsvorschläge oder Ratschläge erhält der Klient die Möglichkeit, der eigenen Kreativität und seinen eigenen Werten nachzugehen. Die einzige Ausnahme davon besteht in Sequenzen, in denen z. B. eine jüngere Führungskraft noch nicht über genügend Fachwissen oder Erfahrung verfügt und sich beides vonseiten der Coachin ausdrücklich wünscht (**Experten Coaching**).

Das Coachinggespräch ist zeitlich begrenzt, strukturiert, zumeist zielorientiert und gleichzeitig ergebnisoffen. Die Coachin führt es **fragend statt sagend.** Zu diesen Fragen und Interventionen soll sich der Klient eine Meinung bilden, Handlungsoptionen entwerfen und konkrete Umsetzungen planen. Um dies zu erreichen, fokussiert die Coachin ihre eigene sowie die Aufmerksamkeit des Klienten auf deren besondere Fähigkeiten, Stärken und soziale Ressourcen. Dabei werden – wenn erwünscht und im Hinblick auf das Ziel des Klienten notwendig – sowohl die mentalen Blockaden einer Person als auch die eventuellen individuellen (wie z. B. die Arbeitssucht) oder strukturellen Abhängigkeiten in ihrem Umfeld berücksichtigt, um letztendlich zur Tragweite und Nachhaltigkeit der Lösungen beizutragen. Auf diesem Wege verbessern KlientInnen ihre (Selbst-)Führungskompetenz, eröffnen neue Horizonte und finden dadurch selbstbewusster neue Handlungsoptionen. Diejenigen Arbeitgeber, die BC anbieten, bestätigen eine erhöhte Produktivität, Arbeitsleistung, verbesserte Beziehungen, Kommunikation und Zusammenarbeit der gecoachten Personen (Richter-Kaupp 2014, S. 18). Nachgewiesen sind auch: Stressabbau, Perspektivenwechsel, emotionale Entlastung, erhöhte Selbstreflexion und Kritikfähigkeit, eine klare Zielvorstellung, bessere Wahrnehmung sowie Einstellungs- und Verhaltensänderungen (Migge 2011, S. 42). Insofern wundert es nicht, dass BC als einer der effektivsten Wege zur Gesundheitsförderung von Führungskräften und Teams bewertet wird (Schubert 2016, S. 261).

2.2   Führungskraft als CoachIn

Hin und wieder hört man, Führungskräfte sollten als Coaches agieren oder einen coachenden Führungsstil praktizieren. Ob es sich dabei um ein neues Narrativ der traditionell als beziehungs- oder personenorientiert bezeichneten Führung (samt ihrer unterstützenden Haltung, der Beratung bei Problemen, Krisen oder besonderen Herausforderungen, aber auch eine Förderung konkreter Fähigkeiten) oder eher um das Versprechen handelt, die Führungskraft könnte zu den o. g. Effekten von BC in ihrer Rolle beitragen, ist nicht ausreichend erforscht. Während eine medi(t)ative Haltung und gesunde Führung in der modernen Arbeitswelt durchaus wirksam und ein Prinzip der Hilfe zur Selbsthilfe samt mancher coachenden Kompetenzen durchaus stärkend sein kann, ist ein Führungskräfte-BC der direkt unterstellten MitarbeiterInnen allein aufgrund der interessenbezogenen Positionen eher kritisch zu betrachten.

2.3   Anwendungsbereiche, Qualität und Grenzen von Coaching

Coaching wird schon lange nicht mehr nur im beruflichen Kontext angeboten, sondern ließ sich auch im schulischen, privaten oder sogar philosophischen Lebensbereich verankern. Die Ausbreitung des Coachings auf weitere **Anwendungsbereiche** konnte nebst der systemisch bedingten Nachfrage, mit seinen Einflüssen aus der

Wirtschaft, Unternehmensberatung und Management, Psychotherapie, Psychologie, Philosophie, aber auch aus der Sozial- oder Sportwissenschaft, begründet werden.

An der **Qualität** der Dienstleistung wird intensiv gearbeitet, nicht zuletzt, da weder die Bezeichnung *Coach* in Deutschland gesetzlich geschützt ist, noch flächendeckende Ausbildungsstandards auf dem Markt existieren, die zu einem hohen Niveau dieser Dienstleistung beitragen könnten. Wenn Sie eine Coachin engagieren wollen, könnte es daher sinnvoll sein, sich über folgende Parameter zu informieren:

- ihre Ausbildung, Erfahrung und Referenzen
- ihre Unabhängigkeit von dem Klienten
- ihre Mitgliedschaft in einem Verband oder einer Arbeitsgruppe, die eine Reflexion der Arbeit und Weiterentwicklung ihrer Kompetenzen ermöglicht.

Da BC die Selbstführungsfähigkeit des Klienten voraussetzt, stellt sich ferner die Frage, ob das Verfahren in Situationen angemessen ist, in denen dieser psychisch labil oder gar krank ist. Sicherlich ist jedes Individuum, ist jede Erkrankung und im Laufe der Zeit anders und braucht eine entsprechende Behandlung. Jenseits von absoluten Wertungen sollte daher eine genaue Anamnese stattfinden und geprüft werden, ob ein Coachingprozess angemessen ist, ob er parallel zu einer Therapie durchgeführt werden könnte oder aber der betroffenen Person mit einem Verweis an einen entsprechenden Experten dezidiert mehr geholfen wird. Idealerweise ist das Wohl, die Gesundheit und die konkrete Suche der anfragenden Person das entscheidende Kriterium, wenn es um ein konkretes Angebot geht.

2.4   Fazit

BC als eine Maßnahme zu externer Unterstützung von Individuen, Teams oder Projektgruppen ist dank ihrer Wirksamkeit – nicht zuletzt im Hinblick auf einen ökologischen Umgang mit sich selbst und mit anderen Menschen – mitunter in den deutschen Unternehmen und Organisationen wie auch bei den einzelnen Personen (wenn auch primär bei den Führungskräften) gut angekommen und eine vielversprechende Alternative für alle, die eine Zusammenarbeit auf Augenhöhe ob in ihrem konkreten Themen- oder Aufgabenbereich erleben wie auch entwickeln möchten. Ob diese einen individuellen, interaktiven und systembezogenen Charakter haben, bleibt immer noch von der Klientin abhängig. Erfahrungsgemäß hilft es den KlientInnen, die ihnen wichtigen Themen gerade in einer dialogischen Beziehung zu beleuchten, die verbindend, interessiert und dennoch erwartungsfrei gestaltet ist.

Viele große wie auch mittelständische Unternehmen setzen einen internen oder externen BC erfolgreich ein und die Offenheit ihm gegenüber scheint weiterhin zu wachsen. Positive Effekte der Zusammenarbeit mit einem Coach können nachgewiesen, Wirksamkeit und Grenzen des Coachings sollten allerdings verstärkt zum Gegenstand der Forschung werden. Angesichts der Tendenz, das Leben ‚durchzupsychologisieren' und primär im Hinblick auf die menschliche Funktionalität zu filtern, sollte der Einsatz von BC auch kritisch betrachtet werden können, damit es nicht zu einem Werkzeug der wachstumsorientierten Wirtschaft, zu einem *„ökonomischen Modell der Rationalisierung des menschlichen Lebens"* (Bröckling 2017, S. 8) verkommt. Gelingt es daher, BC weiter zu erforschen und noch mehr Evidenz seiner Wirksamkeit vorzulegen sowie bei den Verbänden und einzelnen AnbieterInnen weiterhin und gegebenenfalls etwas formalisierter für Qualität und Ethik zu sorgen, können sich die KlientInnen auf eine wissenschaftlich fundierte Dienstleistung freuen. Wobei auch hier die Gefahr einer *„Verwissenschaftlichung des Sozialen"* (ebd.), einer Art Kommerzialisierung der Empathie beachtet und ein individuell gut ausbalanciertes Verhältnis stets erwogen werden muss.

Business Mediation

3

In diesem Kapitel erfahren Sie:

- was unter (Business) Mediation (BM) zu verstehen ist,
- wie Mediation funktioniert und wie sie rechtlich verankert ist,
- in welchen Streitfällen Mediation eingesetzt wird und
- wann der Weg zum rechtlichen Berater tatsächlich sinnvoller ist.

▶ **Mediation** ist ein Modell eines vertraulichen wie strukturierten Verfahrens, welches einer außergerichtlichen Streitbeilegung dient. Darin werden die Konfliktparteien von einem vielseitig parteilichen Dritten ohne inhaltliche Entscheidungsbefugnis dabei unterstützt, freiwillig und eigenverantwortlich eine für sie akzeptable wie tragfähige Lösung zu entwickeln. Die Lösung mündet in eine Vereinbarung, die rechtsverbindlich gemacht werden kann.

Mediation als Verfahren zur außergerichtlichen Streitbeilegung (*Alternative Dispute Resolution, ADR*) bringt den Anspruch mit sich, allen BürgerInnen den Zugang zu einer rechtlich gerahmten Lösung ihres Streites zu gewähren. In diesem Sinne in vielen Rechtssystemen verankert, stellt auch Wirtschaftsmediation die logische Konsequenz einer demokratischen Gesellschaftsordnung dar, in der die individuelle wie kollektive Verantwortung der Beteiligten in einem respektvollen und lösungsorientierten Dialog während des Verfahrens mündet. Besonders im Wirtschaftsleben entsteht daraus die Chance, langwierige und teure Streitigkeiten außergerichtlich beizulegen, eine Kooperation der Parteien einzuleiten und aufrechtzuerhalten.

© Springer Fachmedien Wiesbaden GmbH, ein Teil von Springer Nature 2018
K. Schubert-Panecka, *Business Medi(t)ation 2*, essentials,
https://doi.org/10.1007/978-3-658-22147-8_3

> *Schließe mit dem Gegner Frieden, solange du auf dem Weg zum Gericht bist.* (Römischer Spruch).

Konflikte können kaum mit derselben Denkweise gelöst werden, durch die sie entstanden sind. Da der Zugang zu einem Lösungsmodus auch emotional erschwert ist, wenn wir in einer konkreten Wahrnehmung der Situation gefangen sind, hat es sich seit Jahrhunderten bewährt, Dritte als VermittlerInnen aufzusuchen, die involvierte Menschen aufgrund ihrer Professionalität darin unterstützen, die Perspektive zu wechseln, neue Denkweisen zu erschließen und zukunftsorientierte Lösungen zu erarbeiten. Derartige Vermittlung nimmt oft die Form einer **Mediation** an, die sich von Verhandlung, Coaching oder Supervision insbesondere dadurch unterscheidet, dass ein Konflikt zumeist ein Bestandteil der Situation und damit auch des Verfahrens darstellt (anders z. B. bei Mediationen bzgl. Entscheidungsfindung). Im Rahmen einer Mediation werden einzelne Personen wie auch Gruppen bzw. ganze Organisationen in Konfliktsituationen aus unterschiedlichen Lebens- und Arbeitsbereichen unterstützt, sodass sie gesichtswahrend und zukunftsorientiert miteinander ins Gespräch kommen und Lösungen generieren können. Im Idealfall können sie anschließend besser miteinander leben und arbeiten. Oder aber zumindest respektvoll auseinander gehen.

Bevor der Schritt zum Gericht oder besser zur Mediation erfolgt, durchleben die Beteiligten in der Regel eine längere Phase voller Unmut und Frustration. Folgende **Orientierungsfragen** helfen zu ermitteln, ob ein Beratungsbedarf besteht bzw. ob eine Beratung Ihnen helfen kann:

- Besteht ein bestimmter Konflikt schon länger?
- Wenn ja, wie lange? Kehrt er, auch wenn er hin und wieder zu verschwinden scheint, immer wieder zurück?
- Leiden die Betroffenen und/oder ihre Arbeit unter dem Konflikt?
- Zugleich sind sie nicht (mehr) in der Lage, ihn selbst zu lösen?
- Hat sich der Konflikt auf weitere Personen ausgedehnt und
- auch von einem Ursprungsthema auf andere Schauplätze verschoben?

Können Sie die meisten dieser Fragen bejahen, empfehlen sich eine Klärung mit den anderen Beteiligten, u. a. hinsichtlich dessen, ob sie die Situation eigenständig bearbeiten oder eher eine Unterstützung hierfür wünschen, z. B. in Form von Mediation. Falls diese eine Alternative darstellt möge anschließend ein Erstgespräch mit einem passenden Mediator gesucht werden.

3.1   Sinn, Funktionalität und rechtliche Verankerung der Mediation

Anders als auf dem regulären Rechtsweg, in dem ein professioneller Dritter (zumeist eine Richterin) über das Anliegen der Parteien und zwar vergangenheitsorientiert entscheidet, folgen die Parteien einer Mediation ihrem eigenen Sinn von Gerechtigkeit hinsichtlich des konkreten Anliegens, basierend auf ihrer **Erfahrung** und einer **Zukunftsorientierung**. Sie dürfen sich auf die eigene Intuition und ihren Verstand verlassen, während der Mediator für einen konstruktiven Umgang miteinander sorgt. Selbstverständlich gilt es auch hier, auf die Regeln des gesellschaftlichen Zusammenlebens zu achten, sodass jegliche Macht-, Ressourcen- oder andere Symmetrien berücksichtigt werden, Asymmetrien nicht ausufern und den Parteien vielmehr eine Ermächtigung als Entmündigung angeboten wird, sodass *„auf menschliche und demokratische Gleichstellung, nicht auf betriebliche, gesellschaftliche und andere Hierarchien"* geachtet wird (Duss-von Werdt 2016, S. 234).

Das zentrale Anliegen der Mediation ist es, die Betroffenen wieder ins Gespräch zu bringen und ihre Beziehung erneut so zu stärken, dass sie die herausfordernde Situation eigenverantwortlich angehen können. Es wird eine nachhaltige Konfliktbereinigung angestrebt und darin eine Wahrung oder Wiederherstellung einer dauerhaften Gesprächsbasis, in der sowohl die Beziehungsebene als auch konkrete Ansprüche besprochen werden können. Wie das möglich ist und was unter Mediation verstanden wird, hängt von vielen Faktoren ab, wie z. B. die Sozialisierung des Betrachters oder seine disziplinäre Zugehörigkeit. Die Vielfalt unserer Vorstellungen ist daher groß (vgl. *essential* 1., sowie Tröndle 2017, S. 33), gemeinsam sind ihnen die Verständigung und auch eine zukunftsorientierte Regelung der strittigen Fälle. Diese erbringt Mediation dadurch, dass sie auf das Wissen und die Selbstverantwortung der Beteiligten zurückgreift. In einem kommunikativ wie prozesshaft geschützten Rahmen erreichen MediantInnen zu 80 % einen Erfolg (s. Evaluationsbericht bmjv.de). D. h. sie erreichen ein mehrseitig zufriedenstellendes Ergebnis, das sie selbst für gerecht halten und das sie auch umsetzen (wollen). Bis auf die Methode der *„One Party Mediation"* (von Hertel, 2008)[1] wird Mediation dann eingesetzt, wenn es mindestens zwei

---

[1] *One Party Mediation* wird angewendet, wenn eine der Konfliktparteien keine Bereitschaft zeigt, an einem gemeinsamen Prozess zu partizipieren. In einer solchen Situation wird – ähnlich wie im Konfliktcoaching – daran gearbeitet, den Konflikt seitens der einen Partei zu beleuchten und Lösungsansätze zu generieren.

Parteien gibt, die einen sozialen Konflikt miteinander austragen (anders beim Konflikt-Coaching, der auch einzeln durchgeführt werden und der o. g. Methode ähneln kann). Am zahlreichsten sind im Hinblick auf die Beteiligten die Umweltmediationen, wenn es z. B. um die Bebauung einer stadtnahen Fläche und damit eine Lärmbelastung für die BewohnerInnen geht, wie beispielsweise bei einem Flughafen.

Vom **Vorgehen** her gestaltet sich Mediation folgendermaßen: Nachdem die Konfliktparteien oder aber deren Vorsitzende, Personalverantwortliche oder GesellschafterInnen den freien Willen zu einem mediativen Lösungsansatz geklärt haben, nehmen sie den Kontakt zu einer Vermittlungsstelle (vgl. mediator-finden.de) oder einer konkreten Mediatorin auf. In einer **Prämediation** (überwiegend in telefonischen Gesprächen mit dem Auftraggeber und den Beteiligten) wird zunächst geprüft:

- Um welches Anliegen handelt es sich konkret?
- Wer ist an dem Konflikt beteiligt?
- Stellt Mediation die geeignete Maßnahme für das vorliegende Anliegen dar?
- Wenn ja, wer soll an der Mediation teilnehmen?
- Sind diese Personen bevollmächtigt, Entscheidungen für die eigene Partei zu treffen?
- Wann, wo und wie soll die Mediation stattfinden?
- Wer trägt die Kosten des Prozesses (wie werden diese aufgeteilt)?
- Will die angefragte Mediatorin sich dieses Falles annehmen oder ihn eher an jemand Drittes verweisen?

Während der Prämediation bemüht man sich, möglichst wenig auf die Konfliktgeschichte einzugehen, um damit die eigene Allparteilichkeit gegenüber anderen Beteiligten zu wahren. Haben sich diese auf eine Mediation geeinigt, so findet diese überwiegend im persönlichen Kontakt aller Beteiligten und der Mediatorin (**Präsenz-Mediation**), seltener in Einzelsitzungen mit dieser statt. Gleichzeitig werden seit einigen Dekaden Möglichkeiten eruiert, die bei Konflikten aller Art die digitale Vernetzung berücksichtigen lassen. Als Antwort auf diese Suche und eine Komponente der *online*-basierten Streitbeilegungsverfahren (*Online Dispute Resolution*, ODR) findet *E-Mediation* oder auch *Online Mediation* (OM) statt, bei der die Parteien an geographisch unterschiedlichen Orten von ihrem Computer, Tablet oder Smartphone aus begleitet werden. Ob vor Ort oder digital, MediatorInnen arbeiten entlang der Prinzipien der Mediation (Abb. 3.1).

Diese Prinzipien sollen den MediantInnen am Anfang der Mediation erklärt und dann von weiteren **Regeln** ergänzt werden, die sie für einen kooperativen

Prinzip	Beschreibung
Eigenverantwortung der MediantInnen	Die Inhalte und das Ziel der Mediation wird lediglich von den MediantInnen bestimmt und mit Hilfe des Mediators priorisiert wie verfolgt.
Ergebnisoffenheit	Der Mediator soll sich darum bemühen, in der lethologischen Haltung zu agieren und dabei keine konkrete Lösung zu erstreben. Auch vonseiten der MediantInnen ist eine Verhandlungs- und Abschlussbereitschaft wie Fähigkeit erforderlich, um zu einem Mediationsabschluss kommen zu können.
Freiwilligkeit der MediantInnen	Darunter wird die Freiheit deren verstanden, sowohl freiwillig bei der Mediation zu erscheinen, als auch diese jederzeit verlassen zu dürfen, soll kein Vertrauen darauf existierten, eine konstruktive Lösung im Rahmen der Mediation zu finden. Niemand darf während der Mediation zu etwas gezwungen werden. Auch MediatorInnen sind darin frei, den Prozess zu beenden, soll ihnen das Vertrauen fehlen, diese zu erreichen.
Neutralität des Mediators	Der Mediator darf an keiner konkreten sachlichen Lösung des Konfliktes interessiert oder in der Sache bereits tätig gewesen sein.
Vielparteilichkeit des Mediators	Der Mediator bemüht sich stets allen Parteien zugewandt zu bleiben. Da dies nicht gleichzeitig geschieht, weil der Mensch mit seiner Aufmerksamkeit wandert ist hier von vielseitigen statt Allparteilichkeit die Rede.
Vertraulichkeit des Prozesses und Verschwiegenheitspflicht des Mediators	MediatorInnen sind zum absoluten Stillschweigen verpflichtet. Sie dürfen weder gegenüber privaten Personen, noch gegenüber Behörden oder Gerichten aussagen, es sei denn, sie werden von ihrer Pflicht von allen Beteiligten des Mediationsprozesses befreit. Auch MediantInnen verpflichten sich, Informationen, die im Laufe der Mediation bekannt werden, nicht außerhalb dieser zu nutzen, sofern nichts anderes vereinbart worden ist.
Transparenz und gegenseitige Informiertheit	Alle Beteiligten sollen entscheidungswichtige Informationen kennen und die MediantInnen darüber hinaus über den Verlauf und die Methoden des Verfahrens informiert werden.
Vollstreckbarkeit	Abschlussvereinbarung der MediantInnen

Abb. 3.1 Prinzipien der Mediation

Verlauf wünschen. So wird z. B. Fairness i.S.v. von einer Bereitschaft, sich um wahrhaftiges Zuhören und auch Sprechen zu bemühen und an die Gesprächsregeln zu halten, anvisiert. Um diese zu verwirklichen und ein vertrauensvolles wie kreatives Verhandlungsklima zu schaffen, verinnerlichen viele MediatorInnen eine an das humanistische Menschenbild angelehnte **Haltung** (vgl. Europäischer Verhaltenskodex für MediatorInnen).[2] Sie bemühen sich *quasi* einem dritten Raum beizusteuern, in dem die MediantInnen für die Bewusstwerdung unterschiedlicher Wirklichkeitsauffassungen sensibilisiert und ihnen der Zugang zu den eigenen Interessen als auch zum gegenseitigen Verständnis ermöglicht wird. Nicht zuletzt, um abschließend eine gemeinsame Wirklichkeitsauffassung zu erarbeiten und in diesem Modus Handlungsoptionen für das gemeinsame Anliegen zu entwickeln. Dies benötigt ein methodisch durchdachtes, systemisches Vorgehen, indem eine Verlangsamung der Kommunikation, Förderung der beidseitigen Verständigung (Perspektivenwechsel) und Wiederaufbau des Vertrauens ermöglicht werden. Damit der Raum dialogisch wird (Buber, S. 14), halten sich MediatorInnen mit ihren Wertungen, Rat-, Kompromiss- und/oder Lösungsvorschlägen zurück. Vielmehr achten sie darauf, dass *„die Parteien offen miteinander reden, die Interessen und Ziele begründen, die sie erreichen möchten. (Der Mediator) selbst hat aber nichts zu entscheiden, auch wenn ihm alles Mögliche dazu einfällt."* (Duss-von Werdt, S. 230). Daher

> irritiert (er), macht neugierig, evoziert Bewegung z. B. durch unerwartete Impulse, welche organisch aus dem Prozess heraus wachsen. Dazu können mediative Arten des Fragens dienen, überraschende, zirkuläre, konträre, raumschaffende. (…) Konfliktsysteme erblinden bekanntlich an sich selber und „drehen die Einerleier". Was sie aus der Erstarrung lösen kann, sind nicht „invariable Interventionen", sondern variable Erfindungen (Interventionen), die auflockern, öffnen, befreien aus lähmender Verstrickung und inhaltlicher Fixierung (Duss-von Werdt 2008, S. 54).

In diesem Verständnis ist Mediation als strukturell, kulturell und persönlich gewaltfrei aufzufassen, dies ist auch immer besser erforscht (vgl. forschungsgruppe-mediation.de). Eine dadurch mögliche Ermächtigung der MediantInnen unterstützt erfahrungsgemäß deren Annäherung und die Kreativität der Parteien, welche wiederum in eine konstruktive Lösungsbearbeitung münden können. Daraus werden wiederum die Nachhaltigkeit wie auch die Bindung an die Durchführung der Vereinbarung gesichert.

---

[2]http://ec.europa.eu/civiljustice/adr/adr_ec_code_conduct_de.pdf.

Mediation ist in den meisten westlichen Ländern – wenn auch in unterschiedlichen Dimensionen – rechtlich verankert. Sie gehört zu den zum staatlichen Gerichtsverfahren alternativen Streitbeilegungsverfahren (ADR) und wird im internationalen Rechts- und Wirtschaftsverkehr gern als deren *Königin* bezeichnet. Von Schiedsgerichtsbarkeit und Schlichtung ergänzt, soll ADR der geringen Flexibilität, den teilweise hohen Kosten und der langen Dauer des staatlichen Gerichtsprozesses entgegenwirken. In Deutschland ist Mediation durch das Gesetz zur Förderung der Mediation und anderer Verfahren der außergerichtlichen Konfliktbeilegung (**MedG** vom 21.07.2012, BGBl. I S. 1577) und in Österreich durch das Bundesgesetz über Mediation in Zivilrechtssachen (ZivMediatG, BGBl. I Nr. 29/2003) geregelt. Laut dieser Regelungen ist insbesondere im Wirtschaftskontext von Interesse, dass außer der Vertraulichkeit und der Hemmung von Verjährung (vgl. auch § 204 Abs. 1 Nr. 4 BGB) die Rechtskraft der erzielten Vereinbarungen möglich ist.

Auch international erlebt Mediation ein langsam doch stetig wachsendes Interesse seitens der Jurisprudenz wie der Wirtschaft, das in der Europäischen Union durch die seit 2011 geltende Richtlinie 2008/52/EG über bestimmte Aspekte der Mediation in Zivil- und Handelssachen (**MediationsRL** – ABl. L 136 vom 24.05.2008, S. 3) eine neue Dimension gewonnen hat. In die nationalen Rechtsordnungen der EU-Mitgliedsstaaten implementiert hat diese Richtlinie die Perspektive auf die Behandlung von Rechtsstreitigkeiten in grenzüberschreitenden Zivil- und Handelssachen positiv beeinflusst, sodass Unternehmen vermehrt bereits in der Vertragsgestaltung auf Mediationsklauseln zurückgreifen. Viele RichterInnen, RechtsanwältInnen und Lehrkräfte propagieren zudem den mediativen Gedanken in ihrem sozialen Umfeld, wie dies auch etliche Verbände und Organisationen tun. Die **EU-Legislative** ist ferner darum bemüht, den Verbraucherschutz und damit auch einen schnellen und fairen Zugang zur ADR und ODR zu stärken. Dabei will man Mediation (*online* wie *offline*) eine gewisse Einheitlichkeit sowie Sicherheit und Durchsetzbarkeit verleihen. Um dies zu gewährleisten, wurden folgende Regelungen erlassen:

- die **Richtlinie** 2013/11/EU über alternative Beilegung verbraucherrechtlicher Streitigkeiten und zur Änderung der Verordnung (EG) Nr. 2006/2004 und der RL 2009/22/EG (§ 34 AStG; **ADR-RL,** ABl. EU 2013 Nr. L 165 S. 63). Diese RL regelt Streitfälle über vertragliche Verpflichtungen zwischen VerbraucherInnen und UnternehmerInnen, die sich aus *online* und *offline* geschlossenen Kaufverträgen oder Dienstleistungsverträgen in allen Wirtschaftssektoren ergeben.

- die **Verordnung** (EU) Nr. 524/2013 über die *Online*-Beilegung verbraucherrechtlicher Streitigkeiten (**ODR-VO,** ABl. EU 2013 Nr. L 165 S. 1) und zur Änderung der VO (EG) Nr. 2006/2004 und der RL 2009/22/EG (§ 1 Abs. 3 AStG). Mittlerweile wurde eine ***Online*-Streitbeilegungs-Plattform** freigeschaltet, die eine unabhängige, unparteiische, transparente, effektive, schnelle und faire Konfliktbehandlung ermöglichen soll.
- die Bemühungen der Internationalen Wirtschaftskammer (*International Chamber of Commerce,* iccwbo.org), die sich mit ihren diversen Aktivitäten und Mediationsregeln für ihre Verbreitung einsetzt.

3.2   Anwendungsbereiche von (Online-)Mediation

Bei welchen Streitigkeiten ist Mediation geeignet? Ob bei B2B- oder Streitigkeiten zwischen Führungskräften, Teams und Abteilungen oder bei Erbschaftsstreitigkeiten wird Mediation immer dann empfohlen, wenn die o. g. Orientierungsfragen bejaht worden sind und die Parteien mindestens einen Bruchteil von Offenheit und Kooperationsbereitschaft mitbringen, um sich der Situation ernsthaft anzunehmen. Eine mediative Unterstützung, mediative(s) Denken oder Kompetenz wiederum lassen sich bereits in den frühen Phasen von Projekten wie der Teambildung einsetzen. Ist die Beziehung dagegen vollkommen zerrüttet und kein *Win-win-Szenario* in Aussicht, kann mithilfe von Mediation eventuell eine Schadensbegrenzung anvisiert werden oder in einer Prämediation doch ein anderes Verfahren empfohlen werden.

Da die Digitalisierung und Globalisierung die heutige Wirklichkeit weitgehend beeinflussen, wird im Folgenden zunächst etwas genauer auf die OM geschaut. Anschließend werden konkrete Anwendungsfelder der OM wie auch der Präsenzmediation dargestellt.

3.2.1   Online Mediation

Der Begriff *Online Mediation* tauchte zuerst Anfang der 90er Jahre im *User Network* auf. Dort hieß es: „*It is our dream that someday we will be able to provide an electronic vehicle for the processes that our users practice. Online mediation, consensus building, meeting facilitation, arbitration (…)*". Seither entstanden diverse Projekte zur planmäßigen Nutzung des Internets für Konfliktlösung, die von automatischen Beschwerdemanagement-Systemen über Video-Konferenzen und -Verhandlungen bis hin zu ganzen Programmen für OM reichen. Nicht zuletzt durch die voranschreitende Digitalisierung diverser Lebensbereiche in vielen Ländern und die Informations- und Kommunikationstechnologie unterstützt, indem private Personen wie Firmen *online* miteinander in Kontakt treten, lernen, kaufen und ihre Geschäfte abwickeln. Der Bedarf, diesem komplexen Austausch mit ODR zu begegnen, diese im Fluss zu halten und die Zufriedenheit der Beteiligten zu stärken, wurde erkannt und 1999 z. B. durch das *Online*-Auktionshaus *Ebay* mit der *E-Mediation* getestet. Laut einem Bericht dieses Auktionshauses wurden auf diesem Wege mehrere hunderttausend Fälle erfolgreich abgewickelt. Heute verfügen viele *online* HändlerInnen über mediationsanaloge Angebote in ihrem Service.

Haben auch weitere Mitgliedsstaaten die europäischen Regelungen implementiert und ist die Technologisierung vorangeschritten, stellt sich die Frage, wie sich die daraus folgende Praxis der ODR grenzüberschreitend entwickeln wird. Im Moment greift OM – anders z. B. als EM, die sich zumeist auf eine Korrespondenz via E-Mail beschränkt – zusätzlich auf Hilfsmittel wie Medien zu, die den Kontakt zwischen den Parteien und damit auch deren Verständigung unterstützen sollen. Dazu werden außer der elektronischen oder telefonischen Auftragsklärung für die Mediation selbst audio bzw. audio-video basierte Plattformen genutzt, die auf maßgeschneiderte Software-Lösungen zurückgreifen und die Nachrichtendienste als auch Archivierung von Dokumenten inkludieren. Die Art und das Gelingen der Kommunikation über den Computer ist daher direkt damit verbunden, wie sich die Interaktion und damit auch die Beziehung der MediantInnen zueinander (weiter-)entwickelt, ob eine Deeskalation und ein Zueinanderfinden erreicht wird oder eben nicht. Weil verbale, non-, para- und extraverbale Kommunikation eine Art *essentialia negotii* der Mediation darstellen, gilt es, diesen eine besondere Aufmerksamkeit zu schenken.

Der Rahmen der OM kann sowohl zur Lösung von **herkömmlichen** wie ***online*-Konflikten** dienen. Während Erstere z. B. in einer wirtschaftlichen Kooperation zustande kommen und sie – wegen der geografischen Entfernung zwischen den Beteiligten – dank der *Online*-Infrastruktur deutlich günstiger und einfacher gelöst werden können, entstehen die Zweiten im Internetkontext selbst. Als eine neue Konfliktart wird ihnen häufig eine höhere zwischenmenschliche, rechtliche wie technologische Komplexität nachgesagt. Dazu gehören Verstöße gegen die Netiquette gleichermaßen wie Streitfälle, die im Kontext von *Online*-Kauftransaktionen entstehen. Folgende AdressatInnen und Streitigkeiten (aus der off- wie *online*-Welt) können unterschieden werden:

1. Wirtschafts-*(E-Commerce)* und Arbeitswelt
   - Kauf und Verkauf, z. B. bei Mangelleistung, verspäteter bzw. ausstehender Lieferung oder Zahlung
   - Verleumdung oder Beleidigung im Netz, Domainstreitigkeiten

- *B2B* oder Zulieferstreitigkeiten, z. B. wegen Verzögerung oder verminderter Qualität der erbrachten Leistung bzw. bei Inkasso eines Geschäftspartners
- Abteilungs- und Teamstreitigkeiten, insbesondere bei virtuellen Teams von Unternehmen mit ausländischen Niederlassungen
- Arbeitsrechtliche Streitigkeiten, z. B. wegen betriebsbedingter Kündigung, *Mobbing, Bossing*
- Baustreitigkeiten, z. B. bei divergenter Zeit-, Qualität- oder Strategievorstellung
- Mieter- und Vermieterstreitigkeiten, z. B. bei Kündigung wegen Eigenbedarfs
- Streitigkeiten in der Tourismusbranche, z. B. wegen Unzufriedenheit mit der Leistung eines Hotels oder Reiseanbieters

2. Politik und E-Partizipation
   - Streitigkeiten über bauliche Vorhaben, wie z. B. über die Rheinbrücke bei Karlsruhe
   - Umweltmediation bei Projekten wie Flughafen, Mülldeponie oder zu erneuerbarer Energie
   - Umgang mit globalen Krisen, wie Flüchtlingskrise, vgl. z. B. Grünes Netz Mediation
   - Friedensmediation, insbesondere Prämediation

3. Familien(-unternehmen)
   - Erb-und Pflegestreitigkeiten
   - Unternehmensnachfolge
   - Trennung und Scheidung, insb. Postmediation (Schubert-Panecka 2016).

3.2.2 Business Mediation

Business Mediation oder **Mediation in der Arbeit- und Wirtschaftswelt** betrifft in erster Linie Fälle (wie oben angedeutet), in denen die Betroffenen (ob als Individuum, als Team, Abteilung oder ein ganzes Unternehmen) aufgrund ihrer Arbeit oder wirtschaftlichen Beziehungen in einen Konflikt involviert sind. Die Produktivität leidet, Kooperationen werden abgebrochen und auch das Ansehen des Unternehmens geht verloren. Wie schnell so etwas geschehen kann, zeigt die Auseinandersetzung der Geschäftsführer (und mit ihnen der gesamten Unternehmen) des Bioladens Alnatura und des dm- drogerie marktes. Nach einer 30-jährigen freundschaftlichen Zusammenarbeit sind die Beteiligten heute so zerstritten, dass sie sich für einen gerichtlichen Weg zur Streitbeilegung entschieden haben, während Medien von einem Bio-Rosenkrieg zwischen den Unternehmen sprechen. Allzu menschlich? Die Situation zeigt uns deutlich, dass insbesondere in der Wirtschaft immer noch großes Lernpotenzial besteht, was den Umgang mit Konflikten angeht und wo weder auf eine innerbetriebliche Kommunikation noch Führung auf Augenhöhe verzichtet werden sollte. Um dieses Lernpotenzial zu nutzen, hat Jürgen Klowait 2008 den *Round Table Mediation und Konfliktmanagement der deutschen Wirtschaft* (rtmkm.de) initiiert, deren Mitglieder – Unternehmen wie E.ON und SAP, die Deutsche Bahn, die Deutsche Telekom, Audi, Siemens oder Bombardier Transportation – zwecks Mediationsförderung sowohl die Vernetzung in der Wirtschaft und eine solche zur Politik und Gesetzgebung als auch eine wissenschaftliche Erforschung von Mediation und Konfliktmanagement unterstützen (vgl. PWC Studie zum Thema Konfliktmanagement, 2011).

Als UnternehmerIn, PersonalerIn oder Führungskraft können Sie sich schlussfolgend fragen, wie es in Ihrem unternehmerischen Umfeld um Kommunikation und Wertschätzung der Menschen steht. Oder wie es dort mit Konflikten umgegangen wird. Dort, wo Menschen in angespannten volatilen Zeiten immer weniger miteinander kommunizieren oder Bindungen zueinander aufbauen können; wo die Anspannung permanent steigt und die MitarbeiterInnen sich irgendwann nicht mal mehr ins Gesicht schauen können, ist die Gefahr einer Konfliktentstehung deutlich höher. Indem Sie folgende Fragen beantworten, können Sie der eigenen Klarheit über die Charakteristik des Umfelds beitragen:

- In welchen Formaten haben unsere MitarbeiterInnen die Möglichkeit, miteinander zu kommunizieren?
- Welche Wertschätzung ist man/frau gewöhnt, sich gegenseitig zu schenken?
- Gibt es (sichtbare, latente) Spannungen oder Konflikte?
- Wenn ja, wie viele Menschen sind in (wie stark eskalierte) Konflikte involviert?
- Wie (wenn überhaupt) werden diese ausagiert?
- Welche Verluste ((Arbeits-)Zeit, Energie, Geld, Projekte) sind damit verbunden?
- Was wäre Ihr Lernpotenzial, wenn Sie sich die aktuelle Lage anschauen?
- Was können Sie persönlich, was organisatorisch unternehmen, um eine Kultur von konstruktiver Bearbeitung oder sogar Heilung (statt Vermeidung) der Konflikte anzustoßen?

3.2.3 Cross Border Mediation (CBM)

Cross Border Mediation (CBM) betrifft all die Streitigkeiten, die grenzüberschreitende Komponenten innehaben. Überwiegend sind es internationale Streitigkeiten, deren Parteien aus mehreren Staaten stammen oder welche über die Grenzen eines Staates hinausgehen, wirtschaftlicher wie familiärer Natur. Aber auch Fälle, in denen interkulturelle Aspekte *sensu largo* zu einem Konflikt führen, um hier nur die vielfältigen Handelssitten, externalisierte oder internalisierte Regelorientierung, Arten der Kommunikation oder den Umgang mit der Zeit zu nennen. So wird in unterschiedlichen Kulturkreisen eher indirekt oder direkt miteinander kommuniziert: eher deskriptiv und mit Fokus auf Harmonie unter den Betroffenen oder eher wortwörtlich und sachlich, samt der Gefahr eines damit einhergehenden Gesichtsverlustes also. Demzufolge wird der Konflikt nicht nur je nach eigenem Umfeld anders verstanden, sondern auch anders ausgetragen oder eben akzeptiert. So erlebten MitarbeiterInnen diverser Hierarchiestufen eines international agierenden Unternehmens mit dem Hauptsitz in den Niederlanden große Schwierigkeiten aufgrund der unterschiedlichen Kommunikationsstile. Vonseiten der deutschen MitarbeiterInnen als recht unhöflich empfundene Aussagen und Forderungen der niederländischen KollegInnen führten nach einer Weile dazu, dass sich die Beteiligten auch im Hinblick auf ihre Aufgaben kaum noch verständigen konnten, Fehler, Irritationen und Demotivationen traten an die Stelle des vorher vorhandenen Engagements und einer wertebasierten Motivation, das Ziel des Unternehmens zu erreichen. Im Laufe einer Gruppenmediation mit 23 Beteiligten zeigte sich zuerst eine viel höhere Eskalation des Konfliktes, als dies die Leitung des Unternehmens geahnt hatte. Die Ursachen für den Konflikt selbst wurden dabei sowohl auf die strukturellen Gegebenheiten der Organisation als auch auf die unterschiedlichen (kulturell bedingten) Vorstellungen von Zusammenarbeit, Kommunikation und Wertschätzung (und dabei vor allem auf das Verständnis von Höflichkeit) zurückgeführt. Nachdem die Vielfalt der Herangehensweisen geklärt und die schmerzhaften Stellen bei manchen Beteiligten gewürdigt wurden, konnte es an konkreten Handlungsoptionen und Verbesserungen für den gemeinsamen Arbeitsalltag gearbeitet werden.

Im familiären Kontext sind es u. a. Mediationen bei Kindesentführung, bei denen ein Kind, zum Beispiel deutsch-französischer Eltern, von einem Elternteil in ein anderes Land entführt worden ist und die Betroffenen kraft des Haagen Übereinkommens über die zivilrechtlichen Aspekte internationaler Kindesentführung (HKÜ) vom 25.10.1980 eine Möglichkeit erhalten, sich mithilfe eines MediatorInnenteams über den Aufenthalt des Kindes und den Umgang mit diesem zu einigen (vgl. mikk-ev.de).

3.2.4 Familien Mediation

Da jede/r von uns einer Familie angehört – ob als Kind, als Elternteil, Schwester oder Bruder, wissen wir ganz genau: selbst in den besten Familien gibt es Streit.

Mal mehr, mal weniger. Da zwischenmenschliche, darunter auch familiäre Beziehungen, für uns oft existenziell sind, sind diese Streitigkeiten verständlicherweise besonders belastend und darum nicht immer justiziabel. Als in den industrialisierten Ländern eine regelrechte Scheidungswelle und damit einhergehende Überlastung der Justiz beobachtet werden konnte, hat sich Mediation primär in den U.S.A. einen Weg als das *non plus ultra* der alternativen Konfliktlösung bei Trennung und Scheidung geebnet. In Kalifornien ist sie seit 1981 bei Streitfällen um Sorge und Besuchsrecht vorgeschrieben. Später wurde sie auch in den europäischen Ländern geregelt und ist von der Auflösung eheähnlicher Gemeinschaften bis hin zu Unternehmensnachfolge von eigentümergeführten Familienunternehmen einsetzbar.

Wie Sie anschließend sehen werden, fließen manche Anwendungsbereiche von Mediation ineinander. So können auch Fälle, die folgend unter der *Elder Mediation* beschrieben werden, der Familien Mediation untergeordnet werden.

3.2.5 Elder Mediation

Zur *Elder Mediation* gehören all die Fälle, denen das Thema Alter als ein wichtiger Aspekt der Konfliktsituation gemeinsam ist. Ob bei **Erbschaftsangelegenheiten,** bei **Unternehmensnachfolge** oder auch bei der (häuslichen) **Pflege** der Ehegatten bzw. Eltern und ihrer Organisation unter den Familienmitgliedern werden mediative Ansätze vermehrt genutzt. Als relativ junges Mediationsfeld antwortet das Angebot auf die zunehmende Lebenserwartung und damit einhergehende Notwendigkeit, als älterer Mensch mehrere kritische Übergänge meistern zu müssen, für unsere Ehen oder Lebenspartnerschaften, für deutlich längere Finanzierung des Lebens und der Pflege und nicht zuletzt auch für unsere Gesundheit zu sorgen. Die vielen Aufgaben, die auf Menschen im Kontext der Alterung zukommen, fordern sowohl die direkt Betroffenen als auch deren Familienangehörige heraus und verlangen von allen Beteiligten eine wechselseitige Anpassung zwischen Person und Umwelt (Hofstetter-Rogger 2012). Im Prozess dieser Anpassung stellen sich den Individuuen wie auch betroffenen Organisationen diverse Fragen, wie z. B.: Wird – wie vor mehreren Dekaden die Kinderbetreuung betreffend – auch die Betreuung älterer Menschen professionalisiert und wenn ja, zu welchen Konditionen? Was verändert sich hinsichtlich unserer Werte in der mobilen und flexiblen Arbeitswelt, in der die Großfamilien nicht mehr vor Ort leben und im Fall von Betreuungsnotwendigkeit von weiter her anreisen müssen? Was passiert, wenn Kinder für ihre Eltern sorgen wollen und sich von dem Wunsch ihrer Eltern nach Selbstbestimmung ausgebremst sehen oder aber angesichts deren Unbeholfenheit verzweifeln? Aus den unterschiedlichsten Konstellationen ergeben sich intergenerationale oder auch Beziehungskonflikte unter den Geschwistern, die nicht nur an ihren Werten, sondern auch ihrer Frustrationstoleranz zu knabbern haben. Schweigen, patriarchalische Familienstrukturen, geschwisterliche Rivalitäten oder Kränkungen bzw. ein Unwille, über jahrzehntelang tabuisierte Themen (wie Testament, Nachfolge oder Pflege) zu sprechen, bringen viele Menschen an ihre Grenzen. Weit entfernt von einem Zustand also, in dem sie vernünftig und klar entscheiden könnten, der jedoch angesichts der Erbschaftswelle in Deutschland häufig vorkommt. Nichtsdestotrotz lohnt es sich, zumindest einen kleinen Schritt in Richtung Dialog in Form von Briefen, Zwiegesprächen oder Ermutigung zur Mediation zu gehen.

Wie in (C)BM werden auch in einer **Erbschaftsmediation** sowohl ein Perspektivenwechsel als auch das gegenseitige Verständnis unterstützt, sodass ein sachlicher Umgang mit dem konkreten Erbe möglich wird und keine weiteren Verletzungen entstehen. Das subjektive Gerechtigkeitsempfinden ist hier besonders brisant, da die persönliche Zuschreibung von Bedeutung und Wert des Erbes erfahrungsgemäß von den statistischen Werten abweicht. Was empfinden die Erben als gerecht? Wie lassen sich die (notwendigen) Entscheidungen innerhalb von Erbengemeinschaften konstruktiv und gerecht treffen? Lässt sich der Konflikt deeskalieren, wenn die emotionale Belastung in einem vertrauten Raum ausgetragen werden kann? All das wird in diesem Verfahren thematisiert und überwiegend als hilfreich wie auch effektiv empfunden.

Eine andere Art von Mediationen und zwar bei der **Unternehmensnachfolge,** genauer gesagt bei der Unternehmensfortführung und Nachfolge auf der Ebene der UnternehmerIn, betrifft vorwiegend einen alters-, krankheits- oder todbedingten Generationenwechsel bei kleinen und mittelständischen Unternehmen, welche vom Gründer bzw. Eigentümer geführt werden. Ca. 135.000 solcher Unternehmen stehen laut Institut für Mittelstandforschung allein in den Jahren 2014 bis 2018 zur Übergabe an (Kay und Suprinovič 2013). Ein großes Problem in diesem Feld stellt der Umstand dar, dass die Notwendigkeit einer solchen Übergabe zu spät identifiziert wird, es oft unklar ist, welche konkrete Beratungsdienstleistung adäquat wäre und dementsprechend keine systematische Vorbereitung stattfindet. Zudem droht vielen dieser Unternehmen die Stilllegung, weil sich kein geeigneter Nachfolger finden lässt.

Einer Studie des Instituts zufolge übergeben 54 % der EigentümerInnen ihr Unternehmen an die eigenen Kinder bzw. an andere Familienmitglieder. 29 % der Übertragungen erfolgen an externe Führungskräfte, andere Unternehmen oder andere Interessenten von außerhalb. Etwa 17 % der Familienunternehmen übertragen das Unternehmen an MitarbeiterInnen, vgl. ifm-bonn.org. Wie diese

Übertragungen gelingen, wird nicht im Detail eruiert, diverse BeraterInnen wissen dennoch, wie komplex und auch sensibel ein gelungener Generationswechsel ist. Mediative (wie auch moderierende) Ansätze oder Konfliktcoaching können bei einer Nachfolge bereits präventiv eingesetzt werden und dabei folgende Themenbereiche ergründen:

1. die Ausgestaltung des Nachfolgeprozesses, samt der
   - Vermögensfrage: an wen sollen das Unternehmen bzw. die Gesellschaftsbeteiligung und
   - Führungsfrage: an wen soll die Geschäftsführung übertragen werden?
2. die Rolle und der Einfluss des bisherigen Eigentümers nach Abschluss der Nachfolge
3. die Unterstützung der Nachfolgerin und ihrer Akzeptanz im Unternehmen
4. die Einbeziehung der Führungskräfte in den Nachfolgeprozess
5. die Vision, Werte, strukturellen und wirtschaftlichen Faktoren sowie die Weiterentwicklung des Unternehmens nach der Nachfolge.

Erbschaftsmediation und Mediation bei Unternehmensnachfolge werden gegebenenfalls in Kooperation mit Steuer- und RechtsexpertInnen oder auch Berufsverbänden und Banken durchgeführt. Diese Begleitmaßnahmen sind auch während einer **EM bei Pflegekonflikten** denkbar, zu der eventuell Ärzte einbezogen werden. Hier erleben die betroffenen Familienangehörigen oder auch das Pflegepersonal im Zusammenhang mit konkreten Vorgängen oder der Betreuungsart Spannungen und Asymmetrien, die regelmäßig zu Konflikten führen, wie sie auch Frau W. erlebte:

Beispiel

Frau W. ist eine Führungskraft in einem deutschen Konzern, 60 Jahre alt – samt großer Lebenserfahrung und fachlicher Kompetenz, zwei Töchter im erwachsenen Alter –, bis vor kurzem gut im Leben verankert. Dann erkrankte die heute 92-jährige Mutter so schwer, dass sie nicht mehr allein leben konnte. Da Frau W. über 150 km entfernt von der Mutter lebt, hat sie sich mit ihren Geschwistern – beide ÄrztInnen – geeinigt, dass sie sich um die Mutter vor Ort kümmern, während Frau W. die finanziellen Angelegenheiten der Mutter regelt. Leider verläuft diese Betreuung nicht so, wie Frau W. sich wünscht. Auch laut der Hausärztin der Mutter sei sie verbesserungswürdig. Frau W. verspürt immer mehr Ärger und Unzufriedenheit. Auf der einen Seite hat sie genug im Beruf zu tun, mit der Führungstätigkeit und in dem tagtäglichen Kampf um Innovation und Wettbewerbsfähigkeit. Dazu kommen die

Verwaltung der Immobilien ihrer Mutter und auch die Auseinandersetzung mit dem Thema Altern und Tod als Tochter, als Individuum und auch als Elternteil. Während Frau W. sich mehr Unterstützung von ihren Kindern bei der Betreuung der Mutter wünscht, macht sie sich zugleich Gedanken über deren Betreuungsbereitschaft für sie selbst, falls dies irgendwann erforderlich wird. Durch ihren Kopf kreisen Sorgen, verunglückte Wünsche (die nun die Form der Vorwürfe angenommen haben) und Fragen: *Könnten bloß die Schwester ihrem Versprechen qualitativ nachgehen. Habe ich meine elterliche Pflicht gut genug erfüllt? Wie wird sie mir zurückgezahlt?* In einem Gespräch kristallisiert sich ein klarer Wunsch nach Entlastung und Verantwortungsübernahme für die Großmutter heraus. Den nächsten Schritt zu gehen heißt, diesem Wunsch trotz der (alten) Rivalitäten unter den Geschwistern einen Ausdruck zu geben und eine Unterstützung zu organisieren. Auch eine Reflexion über die Beziehung zu den eigenen Kindern und entsprechende Vorsorge für die eigene Zukunft steht an. In einem mediativen Kontext werden die Parteien befähigt, die eigenen Bedürfnisse zu klären und zu verbalisieren, um einer zufriedenstellenden Lösung für alle Beteiligte beizutragen.

Neben der Überforderung mit der Pflegesituation aufseiten der EhegattInnen und/oder Geschwister fallen darunter auch Konfliktfälle in Heimen oder die Entscheidungen über medizinische Behandlung und das Thema Sterben. Ob eine Veränderung der Paarbeziehung, Verlusterfahrung und Isolation oder Spannung zwischen Hilfsbedürftigkeit, Sorge vor Überhitzung des Umfelds und dem Bedürfnis nach Autonomie bzw. die Aktualisierung von langjährigen Familienproblemen angesichts der altersspezifischen Krisen (Hofstetter-Rogger 2012, S. 26), die Themenbreite bei solchen Problemen ist groß. Auf dem Weg der Mediation ist es den Beteiligten häufig möglich, die gewohnte Selbstbestimmung und damit auch ihre Würde zumindest teilweise zu bewahren oder wiederzugewinnen. Angesichts der häufig schwierigen Übergänge vom gesunden zum kranken Zustand, u. a. wenn die eigene Einschränkung akzeptiert werden muss, ist ein mediativer Prozess, in dem alle zum Wort kommen, gehört werden und eine Lösung für diese Herausforderung finden können, eine durchaus konstruktive Herangehensweise.

3.2.6 Qualität und Grenzen von Business Mediation

In den unterschiedlichen Anwendungsbereichen von Mediation, wie wir sie hier gesehen haben, könnte eventuell von einer gewissen Spezialisierung unter den FachkollegInnen gesprochen werden. Womöglich wollen auch Sie, falls Sie sich an eine dritte Person wenden müssen, jemanden finden, der Ihnen sowohl professionelle Unterstützung bieten kann als auch eine gewisse Erfahrung im konkreten Bereich oder sogar Spezialgebiet (z. B. im Baurecht bei Baumediationen, Familienrecht und Dynamik bei Familienmediationen) mitbringt, oder? Viele MediatorInnen sind in thematischen Bundesverbänden oder regionalen Vereinen organisiert, wo man sich zumindest um eine gewisse Qualität der mediativen Arbeit bemüht. Außer den genannten Fragen zur Identifizierung eines geeigneten Dritten, der auch von den Konfliktparteien akzeptiert werden muss (vgl. auch Abschn. 2.3 Qualität des Coachings), soll auf ein sorgfältiges Auftragsklärungsgespräch mit dem aufgesuchten Dritten vertraut werden. Dabei können Sie sowohl einen Eindruck bekommen, wie eine mögliche Zusammenarbeit mit dieser Person aussähe, wie sie in Ihrem konkreten Fall agieren würde, als auch einen Einblick in ihre Referenzen wie Kompetenzen erhalten.

Sind die Konfliktparteien bereit, aktiv zuzuhören und an der Lösung mitzuwirken, können sie durch konstruktives Kommunizieren und Aufeinander zugehen den Konflikt – idealerweise – nachhaltig bearbeiten. Die kommunikative Komponente der Konfliktbehandlung möge dennoch nicht den Eindruck erwecken, Konflikte ließen sich auf die kommunikativen Störungen bzw. Fähigkeiten reduzieren. In Fällen, in welchen entweder keine Kooperationsbereitschaft oder Möglichkeit vorliegt, eine sachlich wie rechtlich verstrickte Situation zu behandeln und – oft gleichzeitig – eine größere Eskalation des Konflikts stattgefunden hat, ist Mediation eventuell nicht geeignet, um hier einzugreifen. Auch Fälle, in denen die Parteien schwerwiegend krank sind und ihre Fähigkeit Entscheidungen zu treffen oder Vereinbarungen zu schließen (ob durch Demenz oder eine psychische Erkrankung) beeinträchtigt ist, müssen im Hinblick auf die Eignung der Mediation genau überprüft werden. In diesem Sinne ist es unabdingbar, dass eine funktionierende Justiz einen sicheren und formalisierten Rahmen dafür bietet, insbesondere Rechtsstreitigkeiten hoheitlich behandeln zu können. Als auch, dass ein Konflikt, der aus diesem Rahmen fällt, freiwillig, partizipativ und i. d. S. eher demokratisch behandelt werden kann. Derart verankert *„entwickeln mediative Verfahren hinreichend Bindungskraft und können so überhaupt für normative Sicherheit sorgen."* (Barth und Mayr, S. 168)

3.2.7 Fazit

In den hoch komplexen und auch ökonomisch schwer vorhersehbaren Zeiten liefern die Möglichkeiten einer persönlichen wie auch internetbasierten Streitbeilegung *via* Mediation eine zukunftsorientierte Alternative zu dem klassischen Streitbeilegungsverfahren. Wenn wir uns anschauen, auf welchem Weg die Streitigkeiten zwischen den Unternehmen oder unter den MitarbeiterInnen ausgetragen werden, so merken wir, dass in der deutschen Wirtschaft immer noch schneller nach bekannten Maßnahmen gegriffen, als aus dem vorhandenen Verfahrensspektrum der ADR geschöpft wird. Obwohl mit Mediation emotionale, zeitliche wie finanzielle Ressourcen eingespart werden können und eine Symmetrie der Verhältnisse ermöglicht wird, wird sie immer noch seltener beansprucht als die klassische Unternehmens- oder rechtliche Beratung. Womöglich auch deshalb, weil anstatt der Frage: *Um was für einen Konflikt handelt es sich und welches Verfahren eignet sich am besten, ihn zu behandeln?*, die tradierte Formel genutzt wird: Konflikt und gescheiterte Verhandlung gleich Klage? Oder weil die Externalisierung der Verantwortung immer noch leichter fällt, als das eigene (gegebenenfalls noch nicht ganz günstige) Verhalten zu reflektieren, dieses zu verantworten wie auch zu beantworten? Dennoch wird BM laut des **Streitkulturindexes für Unternehmen und Organisationen** durchaus stark nachgefragt und hervorragend bewertet. Von 300 der befragten Unternehmen hat die Hälfte externe MediatorInnen beauftragt und über 80 % davon haben die mediative Arbeit als gut bis sehr gut bewertet. Damit liege die Zufriedenheit mit ProzessberaterInnen deutlich höher als bei den klassischen Streitbeilegungsprofessionen (wirtschaftsmediation.th-koeln.de). Der Studie zufolge sehen die Unternehmen einen großen Handlungsbedarf bei der Professionalisierung und Qualifizierung im Umgang mit Konflikten von Führungskräften. Solange dieser Bedarf wie auch in anderen Fällen die Dispositionen nicht vorhanden sind, kommen wir bei manchen Konflikten zu dem Entschluss, Dritte als Fach- oder ProzessberaterInnen einzubeziehen. Während auf dem regulären Rechtsweg die Expertise von Dritten ausschlaggebend ist, werden im mediativen Verfahren die Expertise der KlientInnen und damit auch die subjektiven Aspekte des (Recht-)Streites berücksichtigt.

Sicherlich gibt es Konflikte, insbesondere Rechtsstreitigkeiten, die tatsächlich auf dem regulären Rechtsweg ausgetragen werden sollten und in den Händen von juristisch versierten KollegInnen besser aufgehoben sind als in einer Mediation. Oder Konflikte, bei denen wir ohne ein rechtliches oder anderes fachliches Gutachten nicht vorankommen. Zugleich können Sie in einem coachenden wie mediativen Verfahren Ihre (Selbst-)Führung und im dialogischen Feld auch das Gegenüber wirklich werden lassen. Durch die gegenseitige Ansprache entsteht eine Bindung. Die Sphäre des Zwischenmenschlichen wird durch konkrete Verständigungsbedingungen geformt und ist deshalb auch entwicklungsfähig. Daher begleitet eine Mediatorin die MediantInnen in diversen Anwendungsbereichen der Mediation, und zwar in einem strukturierten Verfahren:

- von den Emotionen zur Sachdiskussion
- von der konfrontativen zur konsensualen Herangehensweise
- von der Vergangenheit in die Zukunft
- von der Komplexität zur Struktur (häppchenweise Bearbeitung nach Wichtigkeit)
- von der indirekten zur direkten Kommunikation.

Ob Kosten-, Zeit- oder auch Ressourcenersparnis die Gründe für eine Mediation sind, dieses Verfahren bietet eine Alternative, die Beziehungen schonen kann. Dies sowohl in wirtschaftlichen wie familiären, in nachbarschaftlichen oder interkulturellen Räumen. Das Verfahren (gegebenenfalls seine einzelnen Bestandteile) kann sowohl in einer Präsenz- wie in einer *Online*-Sitzung durchgeführt werden und ist rechtlich so weit verankert, dass darin getroffene Vereinbarungen rechtskräftig erklärt werden können. Die OM ist dabei kein gänzlich neues Verfahren der Streitschlichtung, sondern vielmehr eins, in dem das Methodenrepertoire der traditionellen Mediation mittels moderner Kommunikationsmöglichkeiten erweitert wurde. Dank dieser Mittel kann man deutlich schneller und (tendenziell) kostengünstiger miteinander ins Gespräch und zu einer beidseitig zufriedenstellenden Lösung kommen. Damit kann OM konstruktiv auf die digitalisierten Lebensräume des 21. Jahrhunderts antworten und Menschen passende Optionen anbieten. Die Kritik gegenüber der OM, sie würde der Essenz von Mediation widersprechen, findet bis zu einem gewissen Grad ihre Berechtigung, wenn Menschen den persönlichen Kontakt sehr schätzen und sich eine Verständigung ohne diesen nicht vorstellen können. Oder wenn man vor der Herausforderung einer plötzlichen Absenz der MediantInnen steht und man diese nicht zurück in den Raum holen kann. Sicherlich ist OM auch für andere Konstellationen nicht geeignet, z. B. für sehr eskalierte Konflikte, bei denen die Parteien dennoch klar die persönliche Ebene des Kontaktes bevorzugen. All das sind daher Fragen und Herausforderungen, die Antworten und einen vertieften Vorab-Austausch mit einer potenziellen Unterstützerin abverlangen. Unser technologischer ist Baum schneller, breiter und chaotischer gewachsen, als man es ihm konzeptionell, ethisch und kulturell zugetraut hätte. Als Folge dessen werden wir eine Philosophie der Informationsgesellschaft pflegen müssen, mit der wir die Natur der digitalisierten Information, der Streitigkeiten und darin auch der OM erst begreifen müssen. Bis dahin, auf gelungene *Online*- wie *Offline*-Mediationen!

Zusammengefasst: Lass uns miteinander reden! 4

Ob als Individuum, als Gruppe oder ganze Kollektive, wir werden heute mit etlichen Chancen, ob auf Gesundheit und längeres Leben, auf Bildung oder Selbstverwirklichung, beglückt. Je nach Geburtsort, sozialem Kontext und persönlicher Umgebung oder Disposition werden wir diese Chancen mehr oder weniger ergreifen können. Zugleich erleben wir eine physische wie mentale Verdichtung, in deren Folge wir nun mit immer neuen Menschen und Gegebenheiten auskommen müssen. In kurzlebigen Teams, in neuen (vielerorts globaler werdenden) Städten, Ländern, klimatischen wie sprachlichen Räumen. Während also unsere Ahnen ihr Leben lang mit bekannten Gesichtern, Sprachen und Artefakten verkehrten, gehen unsere Vertrautheitsquellen verloren. Spätestens seit der letzten Wirtschaftskrise werden viele dieser Spannungsfelder bewusst(er), sie umfassen auch die Unsicherheit und das Misstrauen gegenüber dem gesamten Wirtschafts-, Banken- und Finanzsystem. *„Wir leben heute in einer Gesellschaft, in der die Pluralität von Perspektiven eine basale Erfahrung ist (…) Jede Thematik kann beispielsweise sowohl aus ökonomischer, juristischer, politischer oder medizinischer Perspektive betrachtet werden – mit jeweils ganz unterschiedlichen Problemgesichtspunkten und Schlussfolgerungen"* (Barth und Mayr 2017, S. 165). Ob nach innen oder nach außen gerichtet kommen wir ohne miteinander zu reden und umzugehen, und zwar ausnahmslos respektvoll, nicht weiter. Räume hierfür haben wir in der vernetzten Welt genügend. Und damit auch die Möglichkeit, den Teil der Verantwortung, der real greifbar ist, anzunehmen. In den Augen von Bauman soll die *„Gesellschaft, die absolute (moralische) Verantwortung auf das Maß eines gewöhnlichen (Durchschnitts-)Menschen und seiner realistischen Fähigkeiten zurückschneiden."* (Prinzip der moralischen Verantwortung, S. 81)

Was Sie daher konkret tun, was unterlassen könnten, um sowohl Ihrer persönlichen mentalen Gesundheit als auch einem ökologischen Umgang mit

© Springer Fachmedien Wiesbaden GmbH, ein Teil von Springer Nature 2018
K. Schubert-Panecka, *Business Medi(t)ation 2*, essentials,
https://doi.org/10.1007/978-3-658-22147-8_4

Ihrer Umgebung gerecht zu werden, haben wir in den beiden thematischen *essentials* ausführlich dargestellt. Samt eines **Plädoyers für mehr Ambiguitätstoleranz und Menschlichkeit, mehr Solidarität und Dialog** mögen Sie diesen *essentials* eine Einladung entnehmen, sowohl für sich wie auch für Ihre Umgebung nachhaltig zu sorgen. Dies klug für die direkt anwesenden Menschen, Ihre Familie oder Organisation als auch diejenigen zu tun, die weit entfernt leben und z. B. von Plastikbergen belastet oder in kommenden Dekaden erst geboren und mit klimatischen Folgen unseres Handelns zu kämpfen haben werden. Dafür ist es wichtig, sich der Einflüsse auf das individuelle, organisatorische wie gesellschaftliche Leben bewusst zu werden und erforderliche Methoden sowie Kompetenzen zu erlernen. Nicht zuletzt, um zu einem ökologischen Umgang mit sich selbst und mit anderen Menschen beizutragen, um Vertrauen wiederherzustellen und eventuell neue Quellen für dieses zu finden, werden diverse Methoden einer gesunden (Selbst-)Führung und auch einer solchen seitens des Unternehmens vorgeschlagen (vgl. *essential* 1).

Kommen Sie oder Ihre Mitmenschen mit den dort ausführlich beschriebenen, selbstorganisierten Maßnahmen zu keinem zufriedenstellenden Ergebnis, lohnt es sich erfahrungsgemäß, externe Unterstützung zu holen. Auf dem Markt werden viele unterschiedliche Verfahren angeboten und die Wahl eines passenden kann zu einer Herausforderung werden. Hier haben wir uns auf die Unterstützung bei persönlicher Entwicklung, Entwicklung von Führungskompetenzen und Konfliktlösung fokussiert. Dies geschieht im Handlungskonzept des BC oder BM, in dem ressourcen-, zukunftsorientiert und ergebnisoffen, vertraulich sowie dialogisch zusammengearbeitet wird. Spricht der Business Coach oder Mediator den Klienten als Menschen an (statt als Projektionsfläche seiner eigenen ihn betreffenden Überzeugungen) und zwar ohne eine so genannte *versteckte Agenda*, hat er große Chancen sein Vertrauen zu gewinnen und ihn auf dessen *quasi* Brücke zu unterstützen. So kann ein Gespräch entstehen und der Klient sich darin wiedererkennen. Im wohlwollenden Spiegel, der fest auf dem Boden steht und sich lethologisch fokussiert Verzerrungen entzieht, erhält der Klient die Möglichkeit, an seinen persönlichen Kompetenzen zu arbeiten oder Konflikte konstruktiv anzugehen. Dank der sich freisetzenden Selbstwirksamkeit tut er etwas für das eigene Selbstvertrauen und stärkt längerfristig betrachtet seine Gesundheit.

Mediation als Kunst der (Selbst-)Führung, wie sie – an Foucaults Diagnose eines *„Umschaltens der Regierungstechnik von Fremd- und Selbstzwang"* angelehnt – genannt wird (Barth und Mayr ebd., S. 163), ermöglicht dabei sowohl den Konfliktbeteiligten als auch den Führungskräften oder MediatorInnen selbst, ihre Motive wie auch Interessen in einem geschützten Raum zu identifizieren, besprechbar zu machen und dadurch mehrere Perspektiven kennenzulernen.

Als ob man sich in einem Haus selbstständig umschauen würde, Raum für Raum, vom Garten bis zum Dachgeschoss, von dem Mediator lediglich darin unterstützt, die Räume gewaltfrei zu betreten, sie respektvoll zu besichtigen, statt zu randalieren oder von außen auf das Haus zu schauen und eine Gerichtsentscheidung über sein Schicksal entgegenzunehmen. Aus diesem Vorgehen können wir als Individuen wie auch als ganze Gesellschaften lernen. Hauptsache, im Dialog bleiben.

Was Sie aus diesem *essential* mitnehmen können

Eine Übersicht der externen Maßnahmen, insbesondere

- Business Coaching,
- Business Mediation,
- Orientierungsfragen für die Konflikte im eigenen Umfeld.

© Springer Fachmedien Wiesbaden GmbH, ein Teil von Springer Nature 2018
K. Schubert-Panecka, *Business Medi(t)ation 2,* essentials,
https://doi.org/10.1007/978-3-658-22147-8

Literatur

Barth, K., & Mary, K. K. (2017). Der Mediator als Übersetzer? In K. Kriegel-Schmidt (Hrsg.), *Mediation als Wissenschaftszweig. Im Spannungsfeld von Fachexperten und Interdisziplinarität* (S. 161–170). Wiesbaden: Springer VS.

Bass, M. B. (2008). *The Bass handbook of leadership, theory, research & managerial applications.* New York: Free Press.

Bröckling, U. (2017). *Gute Hirten führen sanft. Über Menschenregierungskünste.* Berlin: Suhrkamp.

Buber, M. (1986). *Das dialogische Prinzip. Ich und Du. Zwiesprache. Die Frage an den Einzelnen. Elemente des Zwischenmenschlichen* (2017. Aufl.). München: Gütersloher Verlagshaus.

Duss-von Werdt, J. (2008). *Die Einführung in die Mediation* Heidelberg: Carl Auer.

Duss-von Werdt, J. (2015). *Homo mediator. Geschichte und Menschenbild der Mediation.* Baltmannsweiler: Schneider Verlag Hohengehren.

Duss-von Werdt, J. (2016). Auch wenn die Hoffnung mich verlässt, bleibe ich ihr treu! Im Gespräch mit Rudi Ballreich. *Konfliktdynamik, 5*(3), 232–235.

Hofstetter-Rogger, Y. (2012). Elder Mediation. Vortrag bei der Tagung des Berufsverbands der Österreichischen PsychologInnen.

Kay, R., & Suprinovič, O. (2013). Unternehmensnachfolgen in Deutschland 2014 bis 2018. In Institut für Mittelstandsforschung Bonn (Hrsg.), Daten und Fakten Nr. 11, Bonn.

Migge, B. (2011). *Handbuch Business Coaching.* Weinheim: Beltz.

PWC Studie. (2011). Konfliktmanagement. Von den Elementen zum System, PricewaterhouseCoopers.

Richter-Kaupp, S., Braun, G., & Kalmbacher, V. (2014). *Business Coaching. Wie man Menschen wirksam unterstützt und sich als Coach erfolgreich am Markt etabliert.* Offenbach: Gabel.

Schubert-Panecka, K. (2016). Online Mediation. Eine Antwort auf digitalisierte Lebensräume und Streitigkeiten im XXI Jh.? *Prawo Mediów Elektronicznych, 2016*(1), 27–33.

Tröndle, H. (2017). Nicht einfach nur ein Verfahren! In Kriegel-Schmidt, ebd., S. 33–42.

Von Hertel, A. (2008). *Professionelle Konfliktlösung. Führen mit Mediationskompetenz.* Frankfurt a. M.: Campus.

© Springer Fachmedien Wiesbaden GmbH, ein Teil von Springer Nature 2018   35
K. Schubert-Panecka, *Business Medi(t)ation 2*, essentials,
https://doi.org/10.1007/978-3-658-22147-8